C000241538

Ladrones de tesoros

Guion

Daniel Lucas

Ilustraciones

André Caliman

MALAMUTE

Edi numen

AGRADECIMIENTOS:

Daniel Lucas: *A mis padres, mi mujer y mis dos hijos.*
André Caliman: *A mis padres, por su constante apoyo.*

© 2018, Malamute comics, por la presente edición.
© Autores: Daniel Lucas y André Caliman.

ISBN: 978-84-9179-053-2
Depósito legal: M-14376-2018
Impreso en España
Printed in Spain

Explotación didáctica: Esteban Bayón.
Glosario: Daniel Lucas, Elizabeth Arbuthnott y Thomas Chaurin.
Diseño gráfico: Teresa Compairé.
Maquetación: André Caliman y Teresa Compairé.
Ilustraciones de las páginas 25 y 51 creadas por Macrovector,
Rosapuchalt, Vilmosvarga y Dooder - www.freepik.com.
Impresión: Gráficas Glodami. Coslada (Madrid). 2018.

Distribuido por:
Editorial Edinumen
C/ José Celestino Mutis, 4. 28028 Madrid
Teléfono: +34 91 308 5142
e-mail: edinumen@edinumen.es
www.edinumen.es

Cómics para aprender español es una serie de atractivos cómics graduados por niveles y diseñados específicamente para el estudiante de español.

En *Ladrones de tesoros* el lector encontrará una atractiva historia de nivel A1.2 en formato cómic, además de:

- Una serie de actividades antes, durante y después de la lectura.
- Un glosario español/inglés/francés con las palabras y expresiones más difíciles para el estudiante. Dichas palabras aparecen marcadas en negrita a lo largo de la historia.
- Un solucionario de las actividades propuestas.

¿Por qué cómics?

Los cómics pueden ser una herramienta pedagógica muy valiosa en el proceso de enseñanza/ aprendizaje de idiomas. Su particular formato ofrece grandes ventajas a los alumnos de lenguas extranjeras. Entre ellas:

- Es una forma excelente de presentar textos narrativos, ya que las imágenes refuerzan y facilitan la comprensión de los mismos.
- Favorecen la presentación y aprendizaje de vocabulario. La memoria de la información lingüística aumenta si hay algún elemento visual relevante.
- Sumergen al estudiante en un contexto comunicativo real, ofreciéndole mucha información pragmática.
- Propician que los alumnos procesen la información recibida en una lengua extranjera con un menor desgaste cognitivo, por lo que el riesgo de que se acaben aburriendo disminuye.
- Las imágenes de los cómics atraen el interés de los estudiantes y les animan a seguir leyendo.
- En una sociedad cada vez más visual, la imagen se ha convertido en un sistema válido de comunicación y aprendizaje, sistema con el que los jóvenes se sienten muy cómodos.
- Ayudan los alumnos a adquirir el hábito lector, al tiempo que incrementan sus habilidades en este campo.
- Permiten el desarrollo del pensamiento interpretativo ya que la mente del lector es la que cierra la acción entre viñeta y viñeta.
- Fomentan la motivación de los estudiantes, lo cual repercute muy positivamente en el aprendizaje. Cuando un alumno se divierte, es cuando más aprende.

Por todo ello, *Ladrones de tesoros* es un material muy recomendable tanto para la lectura individual como para el trabajo en el aula.

En este cómic, Diego y sus amigos tienen dieciséis años y y viven pegados a sus monopatines. Comienza el verano y una extraña ola de robos se extiende rápidamente por los principales museos del mundo. Diego descubre el origen de los robos y se ve empujado a iniciar un viaje que nunca hubiera podido imaginar. Un increíble viaje al pasado que le llevará hasta el mismísimo Japón medieval.

1 Aquí te presentamos a los protagonistas de la historia. Relaciona cada presentación con la imagen de nuestros personajes.

1. Raquel tiene el pelo castaño y liso. Tiene los ojos verdes. Es una chica muy simpática. Le gusta la ropa naranja.

2. Diego tiene dieciséis años. Tiene el pelo y los ojos negros. Es delgado y siempre lleva una gorra azul.

3. Hugo tiene el pelo rubio y rizado. Tiene los ojos azules y pecas marrones. Es un poco tímido.

a) Descripción ◯   b) Descripción ◯   c) Descripción ◯

2 La historia que vas a leer es en una ciudad y aparecen algunos lugares y tiendas que hay en las ciudades. Lee las definiciones y completa el crucigrama.

PELUQUERÍA ● TEATRO ● COMISARÍA ● PANADERÍA ● FRUTERÍA
RESTAURANTE ● ESTACIÓN ● PAPELERÍA ● CARNICERÍA ● COLEGIO

1. Tienda de fruta ➡ **F** _ _ _ _ _ _ _ _
2. Lugar donde trabaja la policía ➡ **O** _ _ _ _ _ _ _ _
3. Lugar donde sirven comidas ➡ _ _ _ _ _ _ _ _ **N** _ _
4. Lugar donde trabajan actores ➡ **T** _ _ _ _ _
5. Tienda de pan ➡ _ _ _ _ **A** _ _ _ _
6. Tienda de carne ➡ _ _ _ **N** _ _ _ _ _
7. Lugar donde estudiamos ➡ _ _ _ **E** _ _ _
8. Tienda donde comprar bolígrafos ➡ _ _ _ _ **R** _ _
9. Lugar donde cortarse el pelo ➡ _ _ _ _ _ **Í** _ _
10. Lugar donde tomar el metro, el autobús o el tren ➡ _ _ _ _ **A** _ _ _ _

2.1 Fontanería: Tienda donde compramos cosas para la cocina y el baño.
En la historia, la fontanería es un lugar importante. ¿Por qué crees que es importante?

a) Es el lugar donde trabaja el padre de Diego.
b) Hay una fiesta en la fontanería.
c) Diego encuentra algo importante allí.

SON LAS DOS Y MEDIA EN EL COLEGIO.

RIIIING

LOS **CHICOS** SALEN DE CLASE.

DIEGO Y SUS AMIGOS TAMBIEN.

DIEGO TIENE DIECISÉIS AÑOS. TIENE EL PELO Y LOS OJOS NEGROS. ES DELGADO Y SIEMPRE LLEVA UNA GORRA AZUL.

SUS MEJORES AMIGOS SE LLAMAN RAQUEL Y HUGO. ELLOS TAMBIÉN TIENEN DIECISÉIS AÑOS.

CHICOS, HOY ES JUEVES. ¡QUÉ BIEN! ¡MAÑANA ES EL ÚLTIMO DÍA DE CLASE!

¿VOSOTROS DÓNDE VAIS AHORA?

RAQUEL TIENE EL PELO CASTAÑO Y LISO. TIENE LOS OJOS VERDES. ES UNA CHICA MUY SIMPÁTICA. LE GUSTA LA ROPA NARANJA.

YO ME VOY A MI CASA. MAÑANA HAY UN EXAMEN Y TENGO QUE ESTUDIAR.

HUGO TIENE EL PELO RUBIO Y RIZADO. TIENE LOS OJOS AZULES Y **PECAS** MARRONES. ES UN POCO **TÍMIDO**.

¡ES VERDAD! ¡EL EXAMEN DE MATEMÁTICAS! YO TAMBIÉN TENGO QUE ESTUDIAR...

DOMINGO POR LA MAÑANA...

¡SON LAS NUEVE MENOS CUARTO! ¡TENGO QUE LEVANTARME!

DIEGO SE VISTE EN SU HABITACIÓN...

DESPUÉS DESAYUNA EN LA COCINA...

UNA HORA MÁS TARDE...

CARRERA

¡BUENOS DÍAS! ¿QUÉ TAL ESTÁIS?

¡UN AÑO MÁS VAMOS A VER LA MEJOR CARRERA DE MONOPATÍN DE LA CIUDAD!

¡BIEN!

¡BRAVO!

¡SÍ!

¡NOS VAMOS!

Fontanería

REPUESTOS ORDENADOR

¡VROOOOM!

DOS MINUTOS DESPUÉS...

QUÉ RARO... ES SOLO UNA FONTANERÍA...

Fontanería

REPUESTOS DE ORDENADORES

¿?

¡UNA BOLSA!

¿QUÉ ES ESTO?

Fontanería

VAMOS, TENEMOS QUE VER AL JEFE.

VAN A SALIR... ¡ME VOY!

ESE AUTOBÚS AMARILLO VA AL CENTRO DE LA CIUDAD.

POR LA NOCHE...

GENERATIONS

MONO

AMIGOS

TENGO LA FOTO.

YO TAMBIÉN.

¿QUÉ ES?

NO LO SÉ.

AMIGOS

ES UNA COSA ANTIGUA, ¿NO?

CREO QUE SÍ.

¿DE DÓNDE ES?

NO LO SÉ.

AMIGOS

TENEMOS QUE PREGUNTAR.

SÍ, MAÑANA PODEMOS IR AL BARRIO DE LAS TIENDAS DE OBJETOS ANTIGUOS.

¡BUENA IDEA!

13

¿HOLA?

BUENAS TARDES, CHICOS. ¿QUÉ QUERÉIS?

QUEREMOS SABER QUÉ ES ESTO.

¿?

¿QUÉ ES, SEÑOR?

SE PARECE A UNA **FIGURA** MUY **FAMOSA** EN CHINA.

¿MUY FAMOSA?

ES INCREÍBLE. ES IGUAL QUE LA FIGURA **ORIGINAL**...

¿Y DÓNDE ESTÁ LA FIGURA ORIGINAL?

ESTÁ EN EL MUSEO DE LA **CIUDAD PROHIBIDA**, EN **PEKÍN**.

¿LA FIGURA ORIGINAL ES MUY ANTIGUA?

SÍ, DEL **SIGLO** XVII.

Y ¿POR QUÉ TENÉIS VOSOTROS ESTA FIGURA?

ES UNA HISTORIA MUY LARGA...

QUIERO COMPRARTE LA FIGURA.

LO SIENTO, PERO NO QUIERO VENDERLA.

¿PUEDO SACARLE UNA FOTO? QUIERO INVESTIGAR UN POCO.

SÍ, CLARO, NO HAY PROBLEMA.

FLAAASH!

ME LLAMO SHINOBU. ¿ME ESCRIBES TU NÚMERO DE TELÉFONO, POR FAVOR? SI ENCUENTRO ALGO, TE LLAMO.

VALE. ¿TIENE USTED UN BOLÍGRAFO?

SÍ, UN MOMENTO...

¿QUÉ HACEMOS AHORA?

YO QUIERO VOLVER ALLÍ.

¿VENÍS CONMIGO?

Fontanería

AQUÍ ES.

¿ENTRAMOS?

RIIING

RIIING

TREINTA MINUTOS MÁS TARDE...

¿QUERÉIS PATATAS FRITAS?

UNA TIENDA DE DONDE SALEN LADRONES...

UNA PERSONA DENTRO QUE DICE "SOCORRO"...

YO TAMPOCO ENTIENDO NADA.

BUENO, ES TARDE. TENGO QUE VOLVER A CASA. ¿HABLAMOS MAÑANA?

POR LA MAÑANA...

¡QUÉ BIEN! ¡ME ENCANTAN LAS VACACIONES!

DESPUÉS DE DUCHARME, VOY A JUGAR A LA PLAYSTATION.

¡YA VOY! ¡YA VOY!

¿QUIÉN ES?

BUENOS DÍAS, DIEGO. SOY SHINOBU. ¿QUÉ TAL ESTÁS?

BIEN, GRACIAS.

TENEMOS QUE HABLAR. TU FIGURA ES AUTÉNTICA.

¿HOLA?

POR AQUÍ, POR FAVOR.

SOCORRO...

ES ALLÍ DELANTE.

SOCORRO...

AYUDA, POR FAVOR.

CLIC

¿QUI... QUIÉN ES USTED?

ME LLAMO PEDRO MARTÍN.

SOY **CIENTÍFICO**. TRABAJO EN LA UNIVERSIDAD.

POR FAVOR, USTEDES TIENEN QUE AYUDARME.

NO ENTIENDO NADA...

¿CIENTÍFICO?...¿QUÉ HACE USTED AQUÍ?

ESA **MALDITA** MÁQUINA...

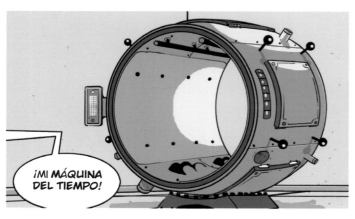

¡MI MÁQUINA DEL TIEMPO!

¿UNA MÁQUINA DEL TIEMPO?

SÍ, ES MI ÚLTIMO **INVENTO**. MI **MEJOR** INVENTO DESPUÉS DE MUCHOS AÑOS DE TRABAJO.

PERO AHORA ES LA **RAZÓN** DE MI MALA **SITUACIÓN**.

¿POR QUÉ?

LOS LADRONES DE LA **BANDA** DE LA **COBRA** NO ME DEJAN SALIR DE ESTA HABITACIÓN.

Y USAN MI MÁQUINA PARA IR AL PASADO.

¿AL PASADO?

SÍ, ELLOS VAN AL PASADO PARA ROBAR OBJETOS ANTIGUOS...

TESOROS MUY **VALIOSOS**...

Y LUEGO VENDEN ESOS TESOROS A **GENTE RICA**.

AHORA LO ENTIENDO TODO.

LA GIOCONDA, LA MÁSCARA DE TUTANKAMÓN, LOS TESOROS DE PEKÍN...

ROBAN LOS OBJETOS EN EL PASADO Y POR ESO **DESAPARECEN** EN LOS MUSEOS, ¡EN EL PRESENTE!

¿QUIÉN ES LA BANDA DE LA COBRA?

POR FAVOR, ¿PUEDEN **QUITARME** ESTAS **ESPOSAS** PRIMERO?

LAS LLAVES ESTÁN EN EL PRIMER **CAJÓN**, EN LA ENTRADA DE LA FONTANERÍA.

¡MIRA, JULIO!

HAY RATONES EN LA **TIENDA**.

SÍ, JA, JA, JA. UNOS **RATONES** MUY GRANDES.

ATAMOS A ESTOS INTRUSOS...

Y DESPUÉS, ¡NOS VAMOS AL PASADO!

UUUGH

¡WHAMM!

3 Antes de continuar con la aventura de Diego y sus amigos, vamos a recordar la primera parte de la historia. Marca la opción correcta en cada frase.

1. Diego discute con Mario…
   a. después del colegio.
   b. por el examen de Matemáticas.
   c. por la carrera.

2. El día de la carrera Diego se levanta…
   a. y se ducha.
   b. tarde.
   c. se viste y desayuna.

3. Diego llega a la meta…
   a. el primero.
   b. a pie.
   c. después de Mario.

4. Diego encuentra una figura…
   a. cuando sale de casa.
   b. al lado de una tienda.
   c. antes de la carrera.

5. Diego, Raquel y Hugo van a la tienda de Shinobu…
   a. porque quieren vender la figura.
   b. para preguntar qué es.
   c. antes de comer.

6. La segunda vez en la fontanería…
   a. Diego y sus amigos encuentran otro objeto.
   b. escuchan una voz que pide ayuda.
   c. llaman a la policía.

7. Shinobu llama a Diego…
   a. para comprar la figura.
   b. para ir a la fontanería otra vez.
   c. porque su sobrino es policía.

8. Cuando Diego y sus amigos entran en la fontanería…
   a. ven al jefe de los ladrones.
   b. los ladrones están dentro.
   c. encuentran los objetos de los museos.

4 Otro personaje importante del cómic es el señor Shinobu. Mira su imagen y completa la descripción con las palabras del recuadro.

> joven/mayor   moreno/rubio/blanco/castaño
> rizado/liso   claros/oscuros
> largo/corto   sombrero/gafas/chaqueta

El señor Shinobu. Trabaja en una tienda de antigüedades.
El señor Shinobu es………………………, tiene el pelo…………………,
………………… y un poco…………………. Shinobu tiene los ojos
………………… y siempre lleva ………………….

5 A la salida del colegio, Mario dice que Diego es como un niño pequeño y le llama *niñato*. ¿Tú crees que Diego es un niñato? Marca si estas palabras son positivas o negativas y relaciónalas con Mario y Diego.

(+) (−) simpático   (+) (−) amable   (+) (−) valiente

(+) (−) antipático   (+) (−) curioso   (+) (−) agresivo

(+) (−) inteligente   (+) (−) maleducado   (+) (−) inmaduro

(+) (−) trabajador   (+) (−) sociable

> MARIO ES...

> DIEGO ES...

6 El científico Pedro Martín inventa una máquina que sirve para viajar por el tiempo. ¿Conoces el nombre de estos otros aparatos? ¿Sabes para qué sirven? Escribe el nombre del aparato y relaciónalo con su función.

1   2   3   4   5   6   7   8

a **Sirve para** escuchar noticias, música, …
Aparato...................................... ☐

b **Sirve para** hablar con personas que están en otro lugar.
Aparato...................................... ☐

c **Sirve para** conectarse a internet, escribir textos, …
Aparato...................................... ☐

d **Sirve para** controlar otro aparato.
Aparato...................................... ☐

e **Sirve para** jugar a videojuegos.
Aparato...................................... ☐

f **Sirve para** tener la ropa limpia.
Aparato...................................... ☐

g **Sirve para** tener la comida fría.
Aparato...................................... ☐

h **Sirve para** ver noticias, concursos, películas, …
Aparato...................................... ☐

6.1 Mira la imagen de la izquierda. Es un aparato que después el científico va a dar a Diego. ¿Para qué crees que sirve?
Ejemplo: *Yo creo que sirve para* controlar la máquina del tiempo desde el pasado.

25

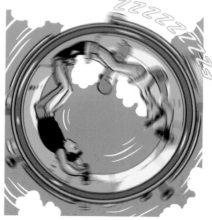

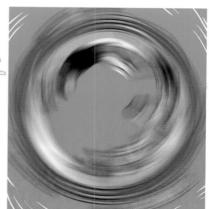

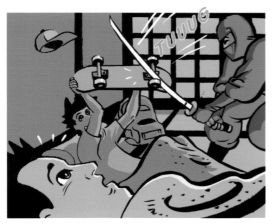

POR LA MAÑANA...

EN LA CASA DE HONDA...

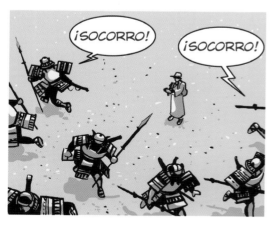

HOY NO PODEMOS VER AL SOGÚN. TENEMOS QUE ESPERAR A MAÑANA. CREO QUE LA CATANA ESTÁ EN SU HABITACIÓN.

BRRR

FUERA DEL CASTILLO...

LO SIENTO, NO PODÉIS ENTRAR.

TENEMOS QUE VER AL SOGÚN. ¡HAY UNOS LADRONES DENTRO!

NO PODÉIS ENTRAR. ¡FUERA DE AQUÍ!

NO PODEMOS HACER NADA. TENEMOS QUE ESPERAR A ICHIRO. UNA CARTA **FIRMADA** POR EL SEÑOR OKUBO ES NUESTRA ÚNICA **POSIBILIDAD** PARA ENTRAR. VAMOS A COMER ALGO. TENGO HAMBRE.

MI **AYUDANTE** ESTÁ AFUERA, CUIDANDO A LOS CABALLOS.

TARO, LA BATERÍA DEL APARATO SE TERMINA. ¿QUÉ VAMOS A HACER?

LO SIENTO, DIEGO, PERO TENEMOS QUE ESPERAR A ICHIRO. VAMOS A DORMIR AQUÍ ESTA NOCHE.

POR LA MAÑANA...

TENGO FRÍO...

¡DIOS MÍO!

¡TARO!

¡EL APARATO! YA CASI NO HAY BATERÍA. TENEMOS QUE ENCONTRAR A RAQUEL Y VOLVER A CASA. NO QUIERO QUEDARME EN EL PASADO.

¿?

YO **TAMPOCO**...

¡SEÑOR HONDA!

¿QUÉ PASA?

PERO, ¿POR QUÉ?

SEÑOR, NOSOTROS NOS VAMOS AL CASTILLO. NO PODEMOS ESPERAR MÁS.

UFFF... ES UNA LARGA HISTORIA.

DENTRO DEL CASTILLO...

¡LA CATANA ESTÁ ALLÍ!

SEÑOR INABA, YA PUEDO **OLER** EL DINERO JE, JE, JE.

MUY BIEN. PODÉIS PASAR.

¡VAMOS!

FUERA DEL CASTILLO...

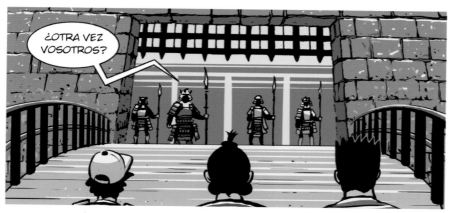

¿OTRA VEZ VOSOTROS?

SOLDADOS, VAMOS A ENTRAR AHORA... SÍ O SÍ...

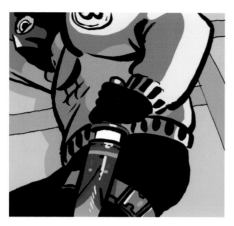

¡DIEGO!

¡RAQUEL! ¿ESTÁS BIEN?

PODÉIS LLEVAR A ESTOS LADRONES A LA **CÁRCEL** DEL CASTILLO.

EXTRANJEROS, GRACIAS POR **SALVAR** LA *HONJO MASAMUNE*. ESTA ESPADA ES MUY IMPORTANTE PARA LOS JAPONESES.

PODÉIS **QUEDAROS** UNOS DÍAS EN MI CASTILLO.

SOIS MIS INVITADOS.

LO SIENTO, SEÑOR, PERO TENEMOS QUE VOLVER A YOKOHAMA RÁPIDAMENTE.

¿QUÉ ES ESO, EXTRANJERO?

EL SOGÚN QUIERE SABER QUÉ ES ESO.

UNA HORA MÁS TARDE...

ESTE CABALLO ESTÁ MUY CANSADO. NECESITA DESCANSAR UN POCO.

¡PERO NO HAY TIEMPO!

¿CUÁNTO TIEMPO FALTA HASTA YOKOHAMA?

UNA HORA.

PUFF

PODÉIS IR EN MI CABALLO. ES JOVEN Y FUERTE.

PUEDE LLEVAROS A LOS DOS A YOKOHAMA EN TREINTA MINUTOS.

¡PERFECTO! ¡MUCHAS GRACIAS, ICHIRO!

RAQUEL, ABAJO. **CAMBIAMOS** DE CABALLO.

ADIÓS, EXTRANJEROS. BUENA SUERTE.

ADIÓS, SEÑOR HONDA. ¡GRACIAS POR TODO!

Y EN ESA FONTANERÍA ESTÁN TODOS LOS TESOROS DE LOS MUSEOS...

SÍ, Y MI MÁQUINA DEL TIEMPO.

PERDÓN...

RIIING RIIING

ENTIENDO... ENTONCES TENEMOS QUE IR ALLÍ.

¿SÍ? ¿QUIÉN ES?

HOLA HUGO, ¿QUÉ TAL ESTÁS?

BIEN, PERO ESTOY UN POCO PREOCUPADO. DIEGO NO LLAMA.

QUÉ RARO... YA SON TRES DÍAS EN JAPÓN... SEGURO QUE EL APARATO NO TIENE MUCHA BATERÍA...

FIN

7 Corrige los errores de estas frases. ¡Cuidado! Hay una que es correcta.

Ejemplo: *Los ladrones viajan al pasado con Hugo.*

Los ladrones viajan al pasado con Raquel

1. Cuando están en Japón, Diego y Taro duermen en casa de la familia Inaba.

   ....

2. La banda de la Cobra quiere robar una figura del emperador de China.

   ....

3. El policía cree la historia de Hugo, Shinobu y el científico.

   ....

4. Diego y Taro van a Tokio antes que los ladrones.

   ....

5. Diego y sus amigos no necesitan la carta de Okubo para entrar al castillo.

   ....

6. Diego, Taro y Raquel vuelven al presente con la espada del Sogún.

   ....

7. Cuando la policía llega a la fontanería, hay un policía amigo de los ladrones.

   ....

8. Diego va a comprar una bicicleta con el oro del Sogún.

   ....

8 Vuelve a la actividad 2 (en la página 4) y escribe qué lugares de la actividad aparecen en la historia.

En la historia hay ....

....

9 ¿Qué hace Diego el día de la carrera? Mira en las imágenes y escribe las acciones en el orden correcto.

Primero, Diego .... a las 8:45, **después** ....

.... en su habitación, **luego** .... en la cocina y **por último** va a la carrera de monopatín.

9.1 ¿Qué haces tú normalmente? Relaciona las imágenes con los verbos y escribe tu orden para estas acciones habituales. Usa **primero**, **después/luego** y **por último** para ordenar las acciones que haces por la mañana, por la tarde y por la noche.

a) Despertarse ⬭   **b)** Desayunar ⬭   **c)** Ducharse ⬭

1   2   3

Por la mañana
primero ....
después ....
y por último ....

d) Merendar ⬭   **e)** Volver a casa ⬭   **f)** Hacer los deberes ⬭

4   5   6

Por la tarde ....
....
....
....

g) Lavarse los dientes ⬭   **h)** Cenar ⬭   **i)** Acostarse ⬭

7   8   9

Por la noche ....
....
....
....

9.2 Clasifica los verbos que has usado en la actividad anterior en el cuadro correspondiente.

Verbos con pronombre **me, te, se, ...**	Verbos que cambian la **e** por **i.**	Verbos que cambian **e** por **ie.**	Verbos que cambian **o** por **ue.**	Verbos con primera persona (yo) diferente.
	Vestirse			

9.2.1 Añade otros verbos que conoces a estos cuadros.

10 Relaciona cada expresión con un icono y después completa con la expresión correcta las conversaciones en el móvil de Diego.

¡BUENA SUERTE! ● ¡QUÉ RARO! ● ¡CUIDADO! ● ¡ENHORABUENA! ● ¡SOCORRO!

....

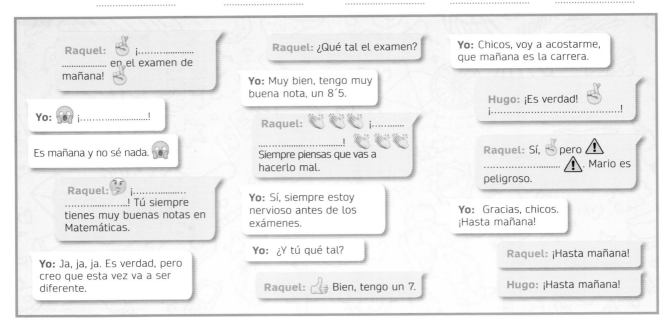

11 Al final de la historia Diego va a comprar un monopatín nuevo con el oro del Sogún. ¿Qué planes tienes tú? Escribe tus planes para esta tarde, la próxima semana o las vacaciones usando *ir a + infinitivo.*

Ejemplo: *Yo esta tarde voy a jugar a la consola con mis amigos, después voy a comer un plátano para merendar y luego voy a ir al cine con mi hermana Ana.*

12 En la historia Diego y Taro comen arroz, sopa miso y pescado. Son tres comidas típicas en Japón. ¿Cuáles son las comidas típicas en tu país? ¿Cuáles te gustan más? Cuéntaselo a tus compañeros.

Ejemplo: *En mi país hay un plato muy típico que se llama …. pero a mí me gusta uno que se llama …*

13 Cuando Diego tiene tiempo libre, le gusta montar en su monopatín. ¿Qué haces tú en tu tiempo libre? Piensa una cosa que te gusta mucho hacer, otra que no te gusta mucho y otra actividad que odias y habla con tus compañeros.

Ejemplo: *A mí me gusta mucho jugar a la consola, no me gusta mucho hacer deporte y odio ir de compras ¿Y a ti?*

13.1 ¿Con qué compañeros compartes gustos? Cuéntaselo a la clase.

Ejemplo: *A Luís y a mí nos encanta jugar a la consola, a María y a mí no nos gusta mucho cocinar y …*

Soluciones

1) a) **3;** b) **1;** c) **2.**

2) 1) **frutería;** 2) **comisaría;** 3) **restaurante;** 4) **teatro;** 5) **panadería;** 6) **carnicería;**
7) **colegio;** 8) **papelería;** 9) **peluquería;** 10) **estación.**
2.1. c) Diego encuentra algo importante allí.

3) **1) a; 2) c; 3) a; 4) b; 5) b; 6) b; 7) b; 8) c**

4) El señor Shinobu trabaja en una tienda de antigüedades. El señor Shinobu es **mayor,** tiene el pelo **blanco, liso** y un poco **largo.** Shinobu tiene los ojos **oscuros** y siempre lleva **gafas.**

5) **Positivas:** simpático, inteligente, trabajador, amable, curioso, sociable y valiente.
Negativas: antipático, maleducado, agresivo e inmaduro.
Asociación con Diego o Lucas, respuesta libre.

6) 1. **Televisión, H);** 2. **Teléfono, B);** 3. **Ordenador, C);** 4. **Videoconsola, E);**
5. **Lavadora, F);** 6. **Radio, A);** 7. **Mando a distancia, D);** 8. **Frigorífico, G)**
6.1. Respuesta libre.

7) 1. Cuando están en Japón, Diego y Taro duermen en casa de la familia **Honda.** /2. La banda de la Cobra quiere robar una **espada del Sogún.** /3. El policía **no** cree la historia de Hugo, Shinobu y el científico. /4. Diego y Taro van a Tokio **después que** los ladrones. /5. Diego y sus amigos ~~no~~ necesitan la carta de Okubo para entrar al castillo. /6. Diego, Taro y Raquel vuelven al presente **sin** la espada del Sogún. /7. **CORRECTA** /8. Diego va a comprar un **monopatín** con el oro del Sogún.

8) Frutería, comisaría, restaurante, colegio, estación y fontanería.

9) Primero Diego se **despierta** a las 8:45, después **se viste** en su habitación, luego **desayuna** en la cocina y por último va a la carrera de monopatín.
9.1. a) **1;** b) **2;** c) **3;** d) **6;** e) **4;** f) **5;** g) **9;** h) **7;** i) **8.**

9.2.

Verbos con pronombre *me, te, se,* ...	Verbos que cambian la *e* por *i.*	Verbos que cambian *e* por *ie.*	Verbos que cambian *o* por *ue.*	Verbos con primera persona (yo) diferente.
Ducharse, Lavarse, Despertarse, Vestirse	*Vestirse*	*Despertarse, Merendar*	*Volver, Acostarse*	*Hacer*

9.2.1 Respuesta libre.

10) ¡Buena suerte! ¡Enhorabuena! ¡Cuidado! ¡Socorro! ¡Qué raro!
Conversación 1: Buena suerte/Socorro/Qué raro; Conversación 2: Enhorabuena;
Conversación 3: Buena suerte/Cuidado.

11) Respuesta libre.

12) Respuesta libre.

13) Respuesta libre.
13.1. Respuesta libre.

Glosario

ESPAÑOL	INGLÉS	FRANCÉS
Página 5		
Chicos	Guys	Garçons
Tímido/a	Shy	Timide
Pecas	Freckles	Taches de rousseur
Página 6		
Asustar	To frighten	Faire peur
Posibilidad	Chance	Chance
Carrera	Race	Course
Niñato/a	A Little boy / girl	Gamin / Gamine
Llorar	To cry	Pleurer
Valiente	Brave	Courageux / Courageuse
Tonto/a	Idiot	Bête
Monopatín	Skateboard	Skateboard
Pesado/a	A pain	Lourd / Lourde
Molestar	To annoy	Embêter
Arreglar	To fix	Préparer
Página 8		
Obstáculo	Obstacle	Obstacle
Página 10		
Ganador/a	Winner	Gagnant / Gagnante
Página 11		
Enhorabuena	Congratulations	Bravo
Respeto	Respect	Respect
Tal vez	Maybe	Peut-être
Vía	Track	Voie
Página 12		
Barrio	Neighborhood	Quartier
Contenedor	Rubbish bin	Poubelle
Peligro	Danger	Danger
Furgoneta	Van	Camionnette
Página 13		
Raro/a	Strange	Bizarre
Fontanería	Hardware store	Plomberie
Jefe/a	Boss	Chef / Cheffe
Antiguo/a	Ancient	Antique
¡Me voy!	I'm off	Je file
Objeto	Object	Objet
Página 14		
Increíble	Unbelievable	Incroyable
Ladrón/a	Thief	Voleur / Voleuse
Robar	To steal	Voler
Cuadro	Painting	Tableau
Película	Movie	Film
¡Hasta luego!	See you soon!	À plus tard!
Página 15		
Parecerse	To look like	Ressembler à quelque chose
Famoso/a	Famous	Célèbre
Figura	Statue	Statuette
Original	Original	Original

ESPAÑOL	INGLÉS	FRANCÉS
Ciudad Prohibida	The forbidden city	La Cité interdite
Pekín	Peking	Pékin
Siglo	Century	Siècle
Página 16		
Investigar	To investigate	Enquêter
Vale	Ok	D'accord
Un momento	Just a moment	Un moment
Página 17		
Cerrado/a	Closed	Fermé / Fermée
Alguien	Somebody	Quelqu'un
Socorro	Help	Au secours
Algo	Something	Quelque chose
¡Cuidado!	Watch out!	Attention!
Página 19		
Periódico	Newspaper	Journal
Ola	Wave	Vague
Tesoro	Treasure	Trésor
Saquear	To loot	Piller
¡Madre mía!	My goodness!	Incroyable!
Peligroso/a	Dangerous	Dangereux / Dangereuse
Página 22		
Ayuda	Help	À l'aide
Científico/a	Scientist	Scientifique
Maldito/a	Damned	Maudit / Maudite
Máquina del tiempo	Time machine	Machine à remonter le temps
Último/a	Latest	Dernier / Dernière
Invento	Invention	Invention
Mejor	Best	Meilleur / Meilleure
Razón	Reason	Raison
Situación	Situation	Situation
Página 23		
Banda	Gang	Bande
Cobra	Cobra	Cobra
Valioso/a	Valuable	De grande valeur
Gente rica	Rich people	Des gens riches
Desaparecer	To disappear	Disparaître
Quitar	To take off	Enlever
Esposas	Handcuffs	Menottes
Cajón	Drawer	Tiroir
Ratón	Mouse	Souris
Tienda	Shop	Magasin
Atar	To tie up	Attacher
Intruso/a	Intruder	Indésirable
Página 27		
Catana	Katana	Katana
Único/a	The only one	Unique
Sogún	Shogun	Shogun / Chef militaire japonais
Espada	Sword	Épée
Precio	Price	Prix
Encendido/a	Switched on	Allumé / Allumée

ESPAÑOL	INGLÉS	FRANCÉS
Página 28		
Aparato	Device	Appareil
Pulsar	To press	Appuyer
Botón	Button	Bouton
Batería	Battery	Batterie
Cargador	Charger	Chargeur
Página 29		
Realmente	Really	Vraiment
Extranjero/a	Foreigner	Étranger / Étrangère
Página 30		
Bienvenido/a	Welcome	Bienvenue
Espía	Spy	Espion
Enemigo/a	Enemy	Ennemi / Ennemie
Gran	Great	Grand / Grande
Mentira	Lie	Mensonge
Página 31		
Verdad	True	Vérité
Poderoso/a	Powerful	Puissant / Puissante
Soldado	Soldier, guard	Soldat
Avisar	To warn	Prévenir
Viajar	To travel	Voyager
Descansar	To rest	Se reposer
Bañera	Bath	Baignoire
Genial	Great	Génial / Géniale
Mientras tanto	Meanwhile	Pendant ce temps
Página 32		
Tiempo	Time	Temps
Loco/a	Crazy person/ people	Fou / Folle
¡Fuera de aquí!	Get out of here!	Sortez !
Vigilar	To watch	Surveiller
Seguro/a	Safe	Sûr / Sûre
Guardar	To keep	Garder
Luz	Light	Lumière
Responsabilidad	Responsibility	Responsabilité
Tableta	A bar (of chocolate)	Tablette
Merienda	An afternoon snack	Goûter
Página 34		
Anoche	Last night	La nuit dernière
Ofrecer	To offer	Offrir
Esposo/a	Husband/wife	Mari / Femme
Página 35		
Montar a caballo	To ride a horse	Monter à cheval
Tierra	Land	Terres
Necesitar	To need	Avoir besoin de
Mensaje	Message	Message
Permiso	Permission	Autorisation

ESPAÑOL	INGLÉS	FRANCÉS
Página 36		
Probar	To try	Essayer
Magia	Magic	Magie
Claro/a	Pale	Clair / Claire
Miel	Honey	Miel
Cansado/a	Tired	Fatigué / Fatiguée
Página 37		
Firmado/a	Signed	Signé / Signée
Posibilidad	Chance	Possibilité
Ayudante	Assistant	Assistant / Assistante
Tampoco	Neither	Non plus
Página 38		
Oler	To smell	Sentir
Página 39		
Teatro	Masquerade	Comédie
Página 40		
Quieto/a	Don't move	Personne ne bouge
Idea	Idea	Idée
Página 42		
Cárcel	Prison	Prison
Salvar	To save	Sauver
Quedarse	To stay	Rester
Invitado/a	Guest	Invité / Invitée
Lo siento	I'm sorry	Je suis désolé / Désolée
Página 43		
Servir	To be used	Servir à
Regalar	To give as a gift	Offrir
Corazón	Heart	Cœur
Ejército	Army	Armée
Página 44		
Armadura	Suit of armour	Armure
Contar	To tell	Raconter
Página 45		
Cuanto tiempo falta	How much longer	Dans combien de temps?
Cambiar	To change	Changer
Página 46		
Compañero/a	Colleague	Collègue
Asustado/a	Frightened	Avoir peur
Mochila	Backpack	Sac à dos
Página 47		
Viejo/a	Old man	Vieux / Vieille
Nervioso/a	Over-excited	Énervé
¡Por fin!	At last!	Enfin!
Página 48		
Aventura	Adventure	Aventure
Cuartel	Headquarters	Caserne
Explotación didáctica		
Inmaduro/a	Immature	Immature